AF204922

Meine kleine

VOGELKUNDE

◆

EIN BUCH ZUM BEOBACHTEN, ENTDECKEN UND NOTIEREN

BOOKS

BLAUMEISE

Vorwort

Flinke Blaumeisen, farbenprächtige Grünfinken, virtuose Drosseln – unsere Vogelwelt bietet so viel! Im Frühling kündigt ihr Gezwitscher die ersten Sonnenstrahlen an, im Herbst sehen wir große Schwärme gen Süden ziehen und im Winter sind sie an den Futterstellen besonders gut zu beobachten: Vögel begleiten uns so selbstverständlich das ganze Jahr dass wir ganz vergessen, wie wunderschön sie sind und welche fabelhaften Eigenschaften sie haben.

Maartje van den Noort hat eine Vorliebe für diese Vogelwelt und hält mit ihren Zeichnungen kurz die Zeit an. Das schenkt Raum zum Innehalten, Betrachten, Träumen, Trödeln, Zeichnen oder Schreiben.

Gerard Janssen

STAR

Der Star hat etwas Elegantes.
Einen schlanken Körper und
einen spitzen Schnabel. Im Sommer
trägt er weiße Pünktchen und in
der Sonne schimmert er metal-
lisch grün. Der Star ist gescheit,
intelligent und ein Spaßvogel.
Er ahmt den Gesang anderer
Vögel nach. Anders als die Drossel
hüpft er nicht, er stolziert –
Schritt für Schritt – wie ein
Mensch. Es sieht fast so aus, als
würde er auch uns Menschen
nachahmen. Und sich ein bisschen
über uns lustig machen.

EICHELHÄHER

Eichelhäher sind intelligenter, als die meisten Menschen vermuten. Sie verstecken Nüsse und Saat, genau wie Eichhörnchen. Ein Eichelhäher, der Dich schon öfter durchs Fenster beobachtet hat, würde Dich auch wiedererkennen und macht sich wahrscheinlich so seine Gedanken über Dich.

Beobachtungsort

....

....

Datum

....

Besonderheiten

....

....

Gedanken

....

....

Datum

Besonderheiten

....

ZEICHENSTUNDE VOGEL

Es gibt natürlich viele verschiedene Möglichkeiten, einen Vogel zu zeichnen. Um einen echten, lebenden Vogel zu zeichnen, braucht man viel Geduld und einen sehr still sitzenden Vogel. Hier also eine etwas einfachere Methode:

Schritt 1: Nimm ein Bild aus einem Vogelbuch, einer Zeitschrift oder dem Internet als Vorlage.

Schritt 2: Zeichne mit einem Bleistift zuerst einen Kreis für das Köpfchen und eine ovale Form für den Körper. Diese beiden Formen überschneiden sich. Durch genaue Betrachtung Deiner Vorlage kannst Du so schon eine gute Grundlage für Deine Zeichnung schaffen.

Schritt 3: Zeichne den Umriss des Körpers um Deine beiden Formen. Schnabel und Schwanz können bereits angedeutet werden, sodass schon ein kleiner Vogel entsteht.

Schritt 4: Platziere Schnabel, Auge, den oder die Flügel und die Beinchen. Am besten erst ganz zart mit einem Bleistift und später mit einem kräftigeren Stift.

Schritt 5: Jetzt noch mit Wasserfarben Schatten und Farbe ins Bild bringen. Am besten mischst Du Dir dafür Farben an und benutzt viel Wasser. Mit Aquarellfarben klappt das besonders gut.

AMSEL

So gewöhnlich sie auch ist, so ungewöhnlich
schön bleibt ihr Gesang. Der Gesang der
Amsel gehört zu den ersten schönen
Frühlingstagen des Jahres, dafür hebt
sie ihre schönste Melodie auf.

ZILPZALP

So klingt der Zilpzalp:
tjif tjaf tjif.
Notiere nebenan Dein
eigenes Vogellied.

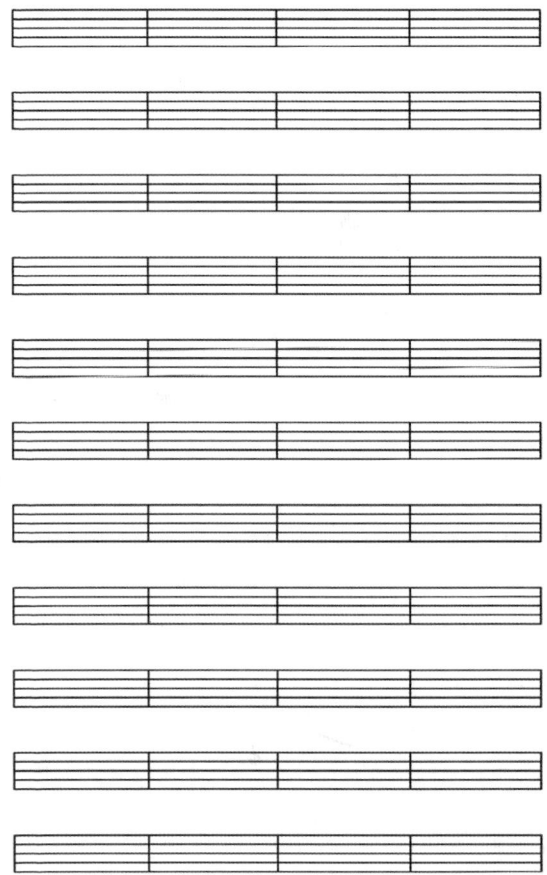

SCHWANZMEISE

Wenn man still genug sitzt,
kommt manchmal gleich eine
ganze Schar von Schwanzmeisen
vorbei. Kleine Wollknäule
mit langen Schwänzchen und
bunten Farben, die genauso
gern über Kopf hängen wie
aufrecht sitzen.

SCHWANZMEISE

ZAUNKÖNIG

Zaunkönige sind kleine und runde
Vögel, die sich gern unter flachen
Ästen verstecken. Das Schwänzchen
steht immer senkrecht nach oben,
als ob es irgendwann mal abgefallen
wäre und mit Klebstoff wieder
festgemacht wurde.

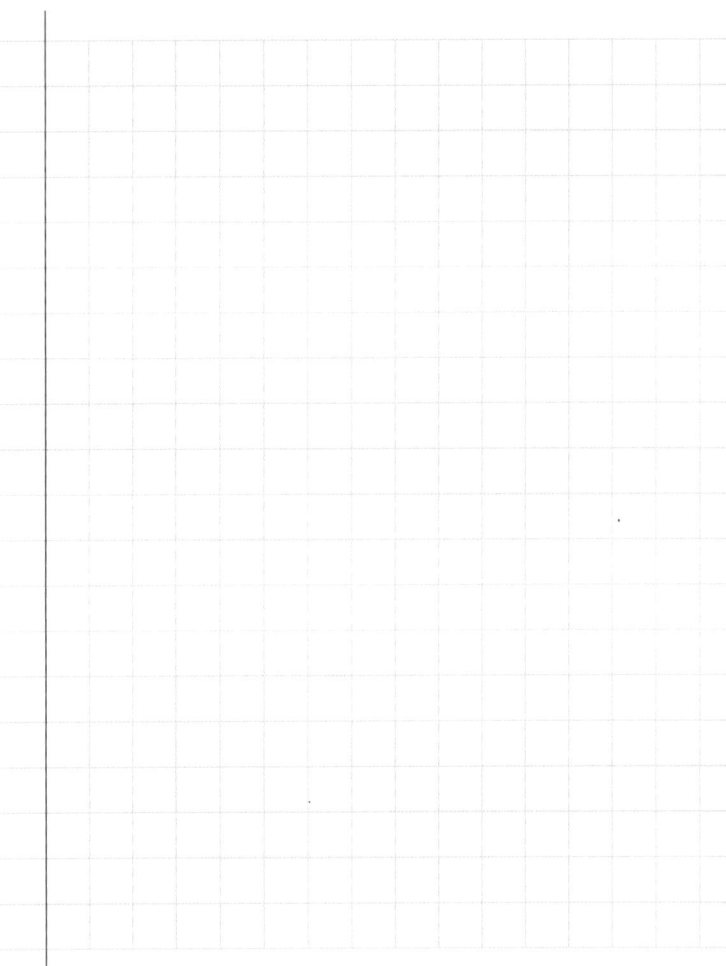

KOHLMEISE

Die Kohlmeise trägt eine
Sturmhaube, bei der die Wangen
freigeschnitten sind. Die Wangen
sind strahlend weiß. Dies verleiht
der Kohlmeise eine scharfe
Zeichnung, ähnlich einer
ägyptischen Hieroglyphe. Im
Sekundenabstand guckt sich der
kleine Vogel über die Schulter,
als wäre er ein flüchtender
Schwerverbrecher.

KOHLMEISE

Gedanken

....

....

Datum

....

Besonderheiten

....

....

BLAUMEISE

Die Blaumeise ist eine Nummer
kleiner als die Kohlmeise und
erscheint insgesamt jünger,
unschuldiger und niedlicher.
Die Blaumeise trägt einen
schwarzen Strich über den Augen,
um unverwechselbar zu sein.
Als ob sie das nötig hätte.

BLAUMEISE

ROTKEHLCHEN

So klingen die kurzen Pfiffe
des Rotkehlchens, anschließend
folgt die gesamte Tonleiter.
Notiere nebenan Dein
eigenes Vogellied.

Beobachtungsort

....

....

Datum

Besonderheiten

....

ROHTKEHLCHEN

ROTKEHLCHEN

Das Rotkehlchen galt schon immer als ein besonderer Vogel. Selbst als noch viele Wildvogeleier gesammelt wurden, blieben die Eier des Rotkehlchens verschont. Eine Legende besagt, dass ein kleiner brauner Vogel mit dem Blut von Jesus Christus in Berührung und so zu seiner roten Kehle kam.

BLAUMEISE

So klingt die Blaumeise: ein
hohes si si siri siri sir.
Notiere nebenan Dein
eigenes Vogellied.

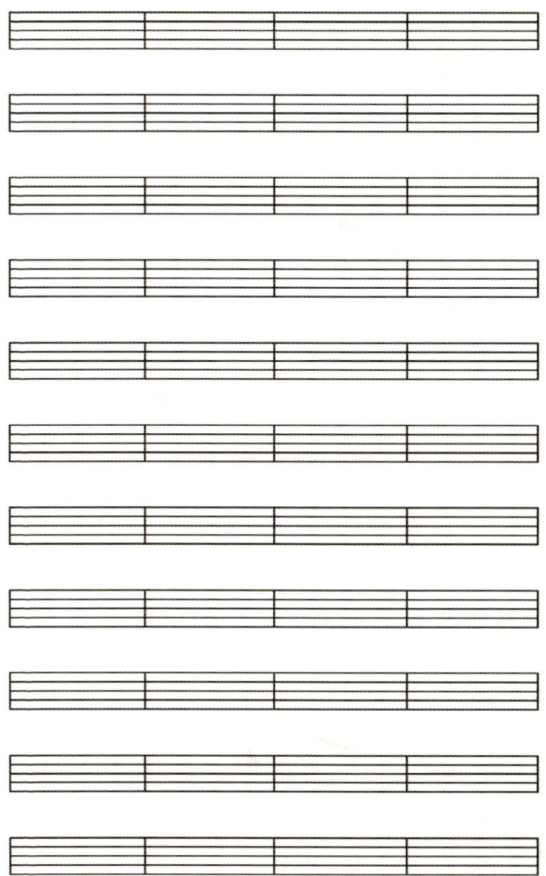

STAREN-SCHWÄRME

◆

Stare formieren sich manchmal zu
einem riesigen Schwarm, der eine
eigene Seele zu haben scheint.
Die Vogelwolke pulsiert, schwärmt
auseinander und schrumpft dann
wieder zusammen. Meistens treibt
sich dann ein Raubvogel in der
Gegend herum. Die Stare versuchen
sich als möglichst großes Ungeheuer
darzustellen, um dem Tier Angst
einzujagen und es zu verscheuchen.
Untersuchungen haben ergeben,
dass so ein Schwarm nicht nur
außergewöhnlich aussieht, sondern
auch außergewöhnlich ist. Die Stare
achten nicht nur ganz genau auf die
Flugbewegungen ihrer Nachbar-
vögel, sondern auch auf die Form des
gesamten Schwarmes, wie groß er
auch sein mag.

◆

HECKENBRAUNELLE

Dies ist einer dieser kleinen
Vögel, die von Busch zu Busch
hüpfen und die man nie
entdeckt, wenn man es eilig
hat oder in Gedanken ist.
Es ist ein braun-grauer Vogel,
gleich groß und gleich gefärbt
wie ein Spatz. Vielleicht
sieht er etwas schlanker aus.
Der Schnabel ist dünn und
spitz und nicht dick und
stumpf wie bei einem Spatz.
Nur das aufmerksame Auge
entdeckt, dass es sich um
einen anderen Vogel handelt.
Auch wenn man bisher nichts
von ihrer Existenz wusste,
hat man die Heckenbraunelle
schon oft gesehen.

HECKEN BRAUNELLE

Gedanken
....

....

Datum
....

Besonderheiten
....

....

Beobachtungsort

....

....

Datum

....

Besonderheiten

....

....

STIEGLITZ

Ein Stieglitz ist
unscheinbarer, als man
meinen sollte. Die
leuchtenden Farben fallen
eigentlich nur auf, wenn man
ihn ganz genau betrachtet.
Die meisten Menschen laufen
einfach an ihm vorbei und
verwechseln ihn mit einem
Buchfink oder einem Spatz.

Buchfinken lernen das Trällern von ihren Vätern. Die meisten Buchfinken beherrschen zwei oder drei Melodien. Früher wurden Gesangswettbewerbe mit Buchfinken abgehalten. Die Augen der Buchfinken wurden dafür weggeätzt; in der Annahme, blinde Buchfinken könnten schöner singen.

BUCHFINK

BEOBACHTEN · ZEICHNEN · BESCHRIFTEN

Gedanken

....

....

Datum

....

Besonderheiten

....

....

ZEICHENSTUNDE FEDER

Schritt 1: Such Dir eine schöne Feder als Vorlage, eine Feder, die Du vielleicht im Wald oder im Garten gefunden hast. Betrachte sie ganz genau; achte dabei auf die Form, die Farbe, die Textur der Federfläche und wie die Federästchen am Schaft befestigt sind.

Schritt 2: Skizziere mit einem Bleistift die Form des Federschaftes. Meistens ist er ein bisschen gebogen.

Schritt 3: Zeichne den Umriss der Feder. Meist sind Federn länglich und laufen stumpf nach oben zu.

Schritt 4: Zeichne nun Details wie Fleckenmuster und die zarten Daunenfedern, die am Federkiel in alle Richtungen stehen.

Schritt 5: Wenn Du möchtest, kannst Du nun die einzelnen Federästchen Stück für Stück zeichnen. Nicht zu sorgfältig, sonst wirst Du verrückt. Einfach Strichlein an Strichlein. Manchmal sieht man, dass die Ästchen nicht dicht an dicht stehen, oder es gibt Unebenheiten. Zeichne auch diese Details, sie geben der Zeichnung einen besonderen Charakter.

Schritt 6: Jetzt könntest Du noch etwas Schatten skizzieren oder mehr Farbe ins Bild bringen.

MÖNCHGRASMÜCKE

Die Mönchgrasmücke kündigt
den Frühling an. Sie gehört zu
den ersten Vögeln, die aus
Südeuropa zurückkehren.
Wenn man eine Mönchgrasmücke
im Park trifft, weiß man,
der Winter ist vorbei.

KOHLMEISE

So klingt die Kohlmeise auf
dem einen Ast, aber auf dem
nächsten Ast trällert sie
schon wieder ein anderes
Lied. Notiere nebenan Dein
eigenes Vogellied.

ELSTER

Für Bacchus, den Gott des
Weines und des Rausches,
war die Elster ein heiliger
Vogel. Die Elster wurde
deswegen von den alten
Griechen mit Trunkenheit
in Verbindung gebracht.
Laut einer britischen
Tradition zieht man den
Hut und verbeugt sich,
wenn eine Elster
vorbeifliegt. Das bringt
Glück.

Gedanken

....

....

Datum

Besonderheiten

....

....

DOHLE

Die Dohle ist ein kleiner
Rabenvogel, den man häufiger
in der Nähe von Menschen
antrifft. Sie hat kleine
Stechaugen mit einer weißen
Iris und einen grauen Hals.
Der Vater Franz Kafkas
hatte ein Reklameschild mit
einer gezeichneten Krähe
darauf. »Kavka« bedeutet
»Dohle« im Tschechischen.

Gedanken

....

....

Datum

....

Besonderheiten

....

....

Gedanken

....

....

Datum

Besonderheiten

....

GARTENBAUMLÄUFER

Auf den ersten Blick
ein unauffälliger,
brauner Vogel. Er
fliegt von Baum zu
Baum, setzt sich aber
nie auf einen Ast.
Wie ein Mini-Specht
klettert er am Stamm.
Und meistens auf der
Dir gegenüberliegenden
Seite. Sodass Du ihn
nicht sehen kannst.

GARTENBAUMLÄUFER

Zaunkönige bauen kugelrunde
Barbapapa-Nester mit zarten
Daunenbettchen für ihre
winzigen Zaunkönigküken.

Gedanken

....

....

Datum

Besonderheiten

....

....

SPATZ

Das Wort Spatz wird manchmal
in Verbindung mit Dingen
gebracht, die wenig Bedeutung
besitzen. In China aber
genießt der Spatz ein hohes
Ansehen, da ein Spatz meutert,
wenn man ihn in einen Käfig
steckt. Ein Zeichen mentaler
Kraft. Ein Spatz kann nicht
gezähmt werden. Er lässt sich
nicht weismachen, dass er kein
unbedeutender Spatz sein darf.

SPATZ

ROTDROSSEL

Diese Drossel mit kupferroten
Flanken kann man manchmal
im Winter beobachten. Im
Sommer leben Rotdrosseln in
den Wäldern Skandinaviens.

Beobachtungsort

Datum

Besonderheiten

Gedanken

....

Datum

Besonderheiten

....

KLEIBER

KLEIBER

Der Kleiber ist eine Art
Specht, der kopfüber am
Baum hängt. Er hat den
lachsfarbenen Bauch des
Eichelhähers und metallgraue
Federn. Wie die Blaumeise
trägt er eine »Räubermaske«
über seinen Augen.

Gedanken

....

....

Datum

....

Besonderheiten

....

....

FELDSPERLING

FELDSPERLING

Der Feldsperling sieht fast aus wie
ein gewöhnlicher Spatz. Er tschilpt
auch genau wie ein Spatz. Allerdings
ist sein Kopf oben nicht schwarz,
sondern haselnussbraun. Anders als
der Spatz hält er sich lieber in
Wäldern und in Parkanlagen auf
und nicht zwischen Häusern.

ZILPZALP

ZILPZALP

◆

Ganz am Anfang des Frühlings,
wenn noch keine Blätter an den
Bäumen wachsen, sieht man sie
manchmal: den Zilpzalp oder den
Fitis. Kleine, schmale, gelb-braune
Vögel, die den Frühlingsbeginn
ankündigen. Sie fallen kaum auf
und sitzen oft hoch in den Bäumen.
Zilpzalp und Fitis sehen sich sehr
ähnlich, es ist superschwierig, sie
zu unterscheiden. Bis sie anfangen
zu singen. Der Zilpzalp und der
Fitis trällern erst ganz hoch und
werden dann langsam immer
tiefer. Meistens hört man sie,
bevor man sie sieht.

◆

Gedanken

....

....

Datum

....

Besonderheiten

....

....

RINGELTAUBE

Ringeltauben sind ungeschickte
Vögel. Sie machen Krach beim
Fliegen, kollidieren mit Ästen
und ihre Nester sind das
reinste Chaos. Im Frühling
sieht man sie ab und zu steil
nach oben fliegen und dann
langsam nach unten schweben,
als ob sie über eine imaginäre
Rutsche gleiten.

RINGELTAUBE

BEOBACHTEN · ZEICHNEN · BESCHRIFTEN

Beobachtungsort

....

....

Datum

Besonderheiten

....

AMSEL

Es ist schwer, den Gesang
der Amsel in Noten
umzusetzen, aber so ähnlich
könnte es aussehen:

GRÜNFINK

GRÜNFINK

Ein grün-gelber Fink. Wenn es im Winter
kälter ist, fliegen Grünfinken manchmal
gemeinsam mit Meisen, Finken und Staren
in die Gärten von Dorf und Stadt.

KRÄHE

Krähen haben etwas Dunkles.
Wie Unglücksbringer. Aber es
sind auch sehr schlaue und
nette Vögel. Bei jeder Studie
wundern sich Wissenschaftler
erneut über die Intelligenz
der Krähe.

KRÄHE

Beobachtungsort

....

....

Datum

....

Besonderheiten

....

....

TÜRKENTAUBE

Ursprünglich kommen die Türkentauben aus Asien. Erst in den Fünfzigerjahren begannen die ersten Vögel in Deutschland zu brüten. Heutzutage trifft man sie an jeder Ecke.

TÜRKENTAUBE

Gedanken
....

....

Datum
....

Besonderheiten
....

....

FISCHREIHER

Es mutet manchmal fast
surrealistisch an, dass diese
großen Vögel einfach so in der
Stadt am Rand des Wassers
stehen. Die Indianer hatten
großen Respekt vor Reihern.
Der Vogel kombiniert Weisheit
mit Geduld, bezeichnend für
einen großen Jäger.

SINGDROSSEL

Der lateinische Name der Singdrossel ist
Turdus philomelos. Philomela war eine
Prinzessin aus Athen, die sich in einen
Vogel verwandelte und schön, aber traurig
sang. Genau wie die Singdrossel.

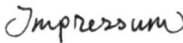

Meine kleine Vogelkunde
Ein Buch zum Beobachten, Entdecken und Notieren

ISBN 978-3-95910-134-9

Eden Books
Ein Verlag der Edel Verlagsgruppe GmbH
Copyright der deutschen Ausgabe
© 2018 Edel Verlagsgruppe GmbH,
Neumühlen 17, 22763 Hamburg
www.edenbooks.de
www.edel.com
3. Auflage 2022

Titel der Originalausgabe: Pocket Vogelboek
Copyright der Originalausgabe: Uitgeverij Snor, 2017
Konzept: Uitgeverij Snor
Text: Gerard Janssen
Illustrationen: Maartje van den Noort
Design: En Publique und Studio 100%
Deutsche Übersetzung: Julia Wöhrle

Printed in Turkey

Alle Rechte vorbehalten. All rights reserved.
Das Werk darf – auch teilweise – nur mit Genehmigung des Verlages
wiedergegeben werden.